Au pays des Clowns

Lydia MONTIGNY

Au pays des Clowns

... les Poésies du Sourire !...

© 2020 Lydia MONTIGNY

Éditeur : BoD-Books on Demand
12-14 rond-point des Champs-Élysées, 75008 Paris
Impression : Books on Demand, Norderstedt, Allemagne

ISBN : 978-2-3222-5369-2
Dépôt légal : Octobre 2020

Livres précédents (BoD)

* Dans le Vent (VII 2017)
* Ecrits en Amont (VIII 2017)
* Jeux de Mots (VIII 2017)
* Etoile de la Passion (VIII 2017)
* As de Cœur (XI 2017)
* Pensées Eparses et Parsemées (XI 2017)
* Le Sablier d'Or (XI 2017)
* Rêveries ou Vérités (I 2018)
* Couleurs de l'Infini (II 2018)
* Exquis Salmigondis (V 2018)
* Lettres Simples de l'être simple (VI 2018)
* A l'encre d'Or sur la Nuit (X 2018)
* A la Mer, à la Vie (XI 2018)
* Le Cœur en filigrane (XII 2018)
* Le Silence des Mots (III 2019)
* La Musique Mot à Mot (IV 2019)
* Les 5 éléments (V 2019)
* Univers et Poésies (VIII 2019)
* Les Petits Mots (X 2019)
* Au Jardin des Couleurs (XI 2019)
* 2020 (XII 2019)
* Nous... Les Autres (X 2020)
* Ombre de soie (III 2020)
* Les Jeux de l'Art (IV 2020)
* Harmonie (VI 2020)
* La source de l'Amour (VIII 2020)

Sois le Clown de ma Vie
Pour jouer sous la pluie,
Colorier l'infini,
M'emporter dans ta magie
Et rêver, attendri,
A l'Amour qui s'écrit
Sous ton nez qui rougit...
Un clown pour sourire, sourire... et rire...

TOUT...

Tout se tourne
Se retourne
Se contourne
Se détourne
... C'est écrit...

Tout se prend
Se reprend
Se comprend
Se déprend
... C'est prescrit...

Tout se pose
Se repose
Se compose
Se dépose
... C'est inscrit...

                                                      .../...

.../...

Tout se tient
Se retient
Se contient
Se détient
... C'est proscrit...

Tout se vit
Se ravit
Se convie
Se dévie
... Alors je ris !...

Oublier le défini du Passé

Et l'Indéfini du Futur

Pour ne vivre

Que le fini du Présent...

...pour cinéphiles avertis...

Evade-moi

Comme si nous étions seuls sur Terre
En plein soleil, en bord de mer,
Dans la magie du grand bleu,
Improvisant la règle du jeu
Et des jeux interdits.
Parmi les choses de la vie
Doucement quand vient la nuit,
Sous le soleil de minuit
J'aime écouter la pluie
Un amour de pluie,
Une pluie sans fin...
Les mots se font refrain
Et je voudrais que quelqu'un
M'attende quelque part enfin...

Evade-moi

Viens traverser cet écran blanc
Pour un monde plus grand

.../...

…/…

Pour un retour vers le futur
Ce serait une belle aventure !
Puisque mon nom est personne
Mais ne le dis à personne,
Alors le ciel peut attendre encore
Le ciel attendra et son casque d'or
Brillera comme un rêve là-haut,
Ce vieux rêve qui bouge, si beau…
Il était une fois

Evade-moi

De mille étoiles au cinéma
Et celles de tes yeux, là…

Je me plie sans ployer

Employant le repli,

Appliquée,

En dépit de sa lippe...

UNE CHANSON CACHÉE

J'ai caché une chanson
Dans les fleurs de la passion
Puis ai colorié les sons
Sur les ailes d'un papillon

J'ai cherché la raison
Dans l'âme d'un violon
Et les quatre saisons
Ont chanté sous les ponts

J'ai trouvé tant de sons
Dansant sur l'horizon,
Charmant le diapason,
Et sautillant en rond

.../...

…/…

J'ai entendu ta chanson
S'envoler d'émotion
Et dans la confusion,
L'écho de ma partition…

Je marche

Sur les mains

Pour aller

A Demain !...

PETILLEMENT

Dans le pétillement de la Vie
Il y a des bulles rondes
S'élevant de ce monde,
Pleines d'espérance
De surprises et de chance.

Voilà l'éclat du bonheur
Pour un vœu... le meilleur !
Cette coupe dorée
Je voudrais la lever
A l'instant de cet Amour
Pour qu'il pétille toujours !

L'Automne

S'étonne

Que les feuilles tourbillonnent

Dans le temps qui ronronne…

CAFE REVEUR

Je suis dans cette tasse
Posée sur la table basse ?
De ta cuillère, tu m'étourdis,
Valse douce rythmant la vie...

Tu me regardes, étonné
De me voir encore tourner...
Que dirais-tu de voyager
Dans l'onde de ce café ?

Laisse-toi dériver
Même les yeux fermés,
L'arabica apprivoisera
Le velours de tes doigts

       .../...

…/…

Bois doucement cette chaleur
Telle la saveur de mon cœur,
Souffle le temps, pas les heures,
Le café devient rêveur…

LES SOLEILS VERTS

Sous les soleils verts
D'un autre univers
Le temps se désespère
De n'avoir rien à faire

Sur le piano de la mer
Les marins jouent l'air
Des vagues de lumière
Pour les sirènes aux yeux clairs

Sous les lunes musicales
Poussent des plantes digitales
Semant des pluies d'étoiles
D'un mauve très pâle

.../...

…/…

Sur les facettes du cristal
Se posent les opales
Aux transparences fatales
De ton rêve tropical...

Ecrire à l'envers

Peut être maladroit,

Ecrire à l'endroit

Peut être un travers…

Le jour s'incline
Devant l'étincelle
D'une étoile dans le ciel

La nuit dessine
Sur un velours bleu
Des regards mystérieux

La vie devine
Ce qu'invente le temps
Et que tait le vent...

LA PIERRE

Je suis cette pierre
Aux mille années-lumière
Qui traverse ta Vie
Et son palais de poésie

Tu la lances sur l'eau
Et en ricochets idéaux,
Elle sautille jusqu'aux roseaux,
Puis disparaît dans les flots...

Elle est ce marbre bleu
Intense et silencieux
Qui garde les secrets
De ses mots élogieux

                                                    .../...

.../...

Je suis cette pierre
Blanche et singulière,
Une étincelle dans l'infini
Des montagnes de ta Vie...

FUTILE

Quelle idée d'invalider, d'élider le délit qui se délie en déni !

Cela dit, rien ne dit qu'il enlaidit un délire, et à le lire, l'aidé se dédiait à des dires bien pires !

Les dés sont jetés, et on lit « dix »: un dédit des dés ! En fait, il n'en fit fi, sans rififi, mais quel défi ! Et à quelle philosophie se fit-il ? C'est décidé, validé, le vide de cette idée sera élucidé !...

Ainsi fut-il...

Chantent les chiffres !

Dansent les mots !...

C'est la partition

de ta vie

qui s'écrit !....

UN

Il y a 1000 choses à faire
1000 couleurs à poser dans la lumière
1000 chemins à parcourir
1000 leçons à retenir

Il y a 1000 et un mots à te dire
1000 et un rêves à t'offrir
1000 et un jours pour te sourire
Un seul Amour à vivre
Un....

A L'ENVERS

J'écris à l'envers
Les pieds dans les étoiles
Les yeux dans la mer
Les mots dans les voiles
De petits bateaux blancs,
Légers sous le vent…

J'écris à l'envers
Du futur vers hier
Voguant sur l'air vivant
En prenant le temps
D'écouter tendrement
Ton rire d'enfant

…/…

…/…

J'écris à l'envers
Du bleu vers le vert
De l'été vers l'hiver
Les mots imaginaires
A l'encre de l'amour
Sur la page de ce jour…

The colour of the skin
Is not the color of words
But the color of Life
Is a multicolored graphology...

La couleur de la peau
N'est pas la couleur des mots
Mais la couleur de la Vie
Est une multicolore graphologie...

Il colore della pelle
Non è il colore delle parole
Ma il colore della vita
E' una grafologia multicolore...

El color de la piel
No es el color de las palabras
Pero el color de la vida
Es una grafología multicolor...

Pour apprécier une œuvre

Il est parfois nécessaire

De prendre du recul

...

Ou de la retourner !...

NUAGES

Il m'a dit
Qu'il aimait le froid
Et la douce voix
De ce vent glacé
Sur son cœur voilé.
Il y dort des fleurs
D'une ambrée pâleur,
Et des plumes légères
Qui parfument l'air…
Il s'appelle ………………… *Cirrus*

Il m'a dit
Qu'il aimait glisser
Aux creux des vallées
Pour y rester blotti
Comme dans un nid,
Et surtout adorait
Les regards mouillés
De la liberté

       …/…

…/…

Sur un ciel bleuté
Qu'elle a dessiné
Sur un peu de buée…
Il s'appelle ………………….. *Stratus*

Il m'a dit
Qu'il aimait les yeux
Des gens heureux,
Ce soleil de plomb
Qui le rend coton,
Et cette blancheur
Mettant en valeur
Toute la splendeur
De cette chaleur,
Source de son bonheur…
Il s'appelle …………………. *Cumulus*

Ne réponds pas à l'écho...

Il aime avoir

le dernier mot...

FACETIE D'UN RECIT

Cette facétie-ci s'apprécie,
Rétrécie, s'unifie
Sans souci précis...
Ceci la stupéfie,
Entre l'actinie
L'astérie,
Et la galaxie
Quelle hérésie !
Un défi réussi initie
Même si ça saisi,
Et le récit
Ainsi épaissi
Officie sur les indécis ;
Tout s'intensifie
Et s'adoucit ici
Comme un Merci...

Merci...

3

3 petits bonds
Pour un soleil tout rond

3 petits ponts
Pour une bulle de savon

3 petits sons
Ainsi les mots s'en vont !...

VICE VERSA

L'endroit ainsi était, sans citer l'incité, visant l'indécis de son trait, très en retrait, très droit, si, si !...

Alors l'envers se renversa, s'inversa, se déversa, et vice-versa, se diversifia, et versifia sans siffler...

L'envers vaut bien l'endroit !...

VOLTIGE

J'ai marché des heures
Pour t'offrir ces fleurs
Et le vent a volé
Leur parfum préféré

J'ai longtemps chevauché
Sur les chemins forestiers
Mon cheval alezan
Mais il s'envolait tout le temps

Alors je me suis reposée
Sous un arbre à souhaits
Ton sourire virevoltait, voltigeait, léger
...Et tu m'as réveillée !...

MOTS IMAGINAIRES

... Venus de nulle part,
D'une imagination sans histoire,
D'un abysse qui s'égare,
D'un silence, d'un regard,
Les mots se sont arrêtés
Mêlés, emmêlés, entremêlés...
Entre tes mains ils se sont posés
Et en silence ont glissés
Puis se sont éclipsés
Vers un lendemain tant espéré...

Un bouquet de fleurs sauvages
Cueilli sur le rivage
De ce doux visage
Parfume de ce présage
Et enroule de ses bras sages
Ton corps dans ce paysage...
Dans le chant de son feuillage
Le temps glisse sur ton image...

J'ATTRAPE...

J'attrape du bout des pieds
Le vertige en pas chassé, sauté,
Dans le tourbillon de tes pensées
Et l'étonnement de nos baisers...

J'attrape du bout des doigts
Un long ruban de soie
Pour que s'enlacent nos émois
Et se glissent entre nos pas

J'attrape du bout des cils
Tes sourires les plus subtils,
Et tes rêves défilent
Sur l'horizon de cette idylle

.../...

…/…

J'attrape du bout du cœur
Ta fragile douceur
Et je t'offre en toute candeur
La force de ce bonheur…

Même si tu ne le sais pas encore

Quelqu'un

Quelque part

A besoin

De Toi...

CŒUR SAUVAGE

Tu as posé la mer
Sur l'or et le vert
De ce livre ouvert
Calme et solaire

Tu as vidé le désert
Du sable de mes rêves,
De l'écho qui se perd,
Pour des étoiles polaires

Tu as pris la posture
Élégante et si pure
Avec ce regard azur
Où l'amour se capture

.../ ...

…/…

Tu as gommé la page
De mon cœur sauvage
Et déposé sur la plage
Le souffle de mon image…

SOULIGNE en …

Violet, le soupir adoré et lové

Indigo, les poèmes incognitos

Bleu,   l'abysse de tes yeux

Vert,   l'air tournoyant dans l'Univers

Jaune,   les mots sauvages de la faune

Orange des sentiments doux et étranges

Rouge, le temps qui jamais ne bouge…

Et ta vie sera un magnifique Arc en Ciel…

CLOWNERIES...

Les chameaux se chamaillent
Les tresses tressaillent
Les limes limaillent
Les 6 cisaillent
Les as assaillent
Les batailles se taillent
Les mites mitraillent
Les cornes cornaillent
Les ravis se ravitaillent
Les canards s'encanaillent
Les papayes se paillent
Les cailles s'écaillent
Les dettes se détaillent
Les pagaies sont en pagaille
Les fous fouaillent
Aïe ! Il est l'heure que je m'en aille !...

Le temps est un ressort

Si grand
Pour l'impatient,

Si petit,
Pour l'indécis,

Mais sachant rebondir
Quand la Vie le chavire !...

La petite lettre qui valait le coup

"Coucou !

Je pensais tout à coup
que ça vaudrait le coup
de tenter ce coup :
et si nous partions jeter un coup d'œil,
faire une balade dans ces montagnes pour les casse-cous
que nous sommes ?

C'est un coup de tête,
une envie qui prend d'un seul coup !
Pas besoin d'un coup de main
pour tracer la randonnée...
Nous avons donc improvisé !...
D'ailleurs nous avons trouvé du premier coup !

.../...

…/…

Il faisait beau, et avons fait attention au coup de chaleur
et coups de soleil.
 Arrivés à une source, nous avons bu un coup,

en coup de vent
car il faisait sombre tout à coup :
L'orage a éclaté, à grands coups de tonnerre…
Il a plu beaucoup
très fort et sans à-coup.

Après coup
nous avons bien ri, trempés comme des soupes, et si épuisés que nous avons eu un bon coup de barre !...
Quel bel endroit de montagne, quel beau coup !...

Je n'ai besoin de Rien,

Ni de Personne,

Nulle part…

Tu es tout le temps

Dans ma tête….

L'INVISIBLE

Laisse-moi devenir
L'invisible forêt,
Cette jungle oubliée
Par des hommes pressés
De vivre sans respirer

Laisse-moi devenir
L'invisible de l'eau,
Ruisselant sur ta peau,
Cette pluie sur le piano
Te jouant un concerto

Laisse-moi devenir
L'invisible jour
Où naît le mot amour
Et ma vie qui accourt
Telle ton ombre de velours...

Un

grain de sable

est plus fort

qu'une chaîne de montagnes

MOSAÏQUE

Je brise le temps
Et son bruit étouffant
Puis m'enfuis en courant
Dans la nuit des temps

Je brise la flèche
Pour que ne m'empêchent
Les heures de tourner
Sur l'horloge dorée

Je brise la cadence
De l'absurde indifférence
Pour que ta vie se balance
Au rythme de la chance

... /...

…/…

Je brise le miroir
Reflétant le désespoir
Et j'essuie doucement
Cette larme me troublant

Je brise le temps
Faisant exploser mes sentiments
Et t'offre les éclats de mon cœur
Pour ta mosaïque du bonheur…

DANS LE FOND...

Toutes les boites
Ont un fond

Mais les pures inventions
En sondent parfois les plus profonds !...

VU !

Je te devine

Tu m'aperçois

Il nous découvre

Nous nous regardons

Vous nous comprenez

Ils nous font disparaître…

SI DEMAIN...

Si demain n'était plus
Qu'un immense rébus,
Un ciel sans ses nues
Que nul vent ne remue

Si demain n'avait d'issue
Qu'un chemin défendu,
Une vie dévêtue
Sous un soleil inconnu

Si demain était le début
De l'infini inattendu
Sur l'étrange statue
Que le temps exténue

.../...

…/…

Si demain était la cohue
Entre les charmes ingénus
Que les silences insinuent
Et les passions éperdues

Si demain n'était plus
Qu'un Eden suspendu
Dans tes rêves advenus
Et leurs soupirs émus

Alors j'attendrais ce jour

Parfois un crayon

est face à une feuille blanche,

D'autres fois une gomme

efface une feuille noire...

FACILE...

Facile ?
C'est compter jusqu'à dix
Relire le chapitre six,
Inventer un mot bizarre
Rimant avec hasard,
Dire que la chance
Est une question de patience

Facile
C'est dire et ne pas faire,
Gommer tout l'Univers,
Dessiner un carré
Et le poser sur ton nez,
Mettre Paris en bouteille
Ou dans un nouveau logiciel

.../...

…/…

Facile,
C'est la juste tolérance
De ce que ton cœur pense,
Marcher les yeux fermés
Dans tes bras, bien serrée,
Voir le soleil se lever
Dans l'air limpide briller

Facile
C'est le vent d'une idylle
Que murmure cette île,
Un clown sur un fil
Amoureux et fragile,
C'est l'instant éternel
D'une simplicité essentielle…

Devenir invisible,
Juste pure et sensible,

Regarder la Vie
Sans bouger, sans un bruit,

Savourer de mes yeux
Ce bonheur tout bleu,

Tomber en harmonie
Avec ton âme qui sourit…

COCKTAIL

J'ai versé dans un shaker
Un mélange de saveurs :
Un zeste jaune citron
D'un soleil tout rond,
Un peu de Champagne blond,
Une fleur de la passion...

J'ai ajouté un trait long
D'un délicieux frisson,
Une lueur de raison
Que givrent les glaçons,
Puis quelques notes, quelques sons
Échappées d'un baryton ;
Pour la douceur de ce poison
Juste une goutte, un soupçon
De mon amour qui fond...

.../...

…/…

Fais danser le shaker
D'un air rêveur
Le temps d'un éclair…
A ta Vie ! Quelle soit longue et solaire !

La lenteur de la nuit

s'écoule et blanchit

le doute qui l'envahit…

LE REVE VAGABOND…

Imagine
Le zeste mauve citron
D'un soleil tout rond,
Un champ sans saison,
Fanfaron sans raison,
De fleurs bleu paon
Mêlées de rayons blonds…

Imagine
La lueur indigo
De tendres coquelicots,
La dentelle céladon
D'une vague d'inattention
Dissolvant le soupçon
De la sagesse d'un non

…/…

…/…

Imagine
L'indélébile son
Du chant du diapason,
Le vol doux et profond
Du temps qui lui répond,
Et cette couleur qui fond
Dans ton rêve vagabond

Le silence

A rêvé un mot,

Et l'a posé sur ma peau...

...Ferme les yeux

Et retrouve-le...

LE CIEL PLEURE

Le ciel pleure
Seule, je demeure...
Dans la lourdeur
De longues heures,
La moite pâleur
De la tristesse m'effleure,
Gravant sa douleur
Dans mon cœur...

Le ciel pleure
Seule, j'ai peur.
Peur de la profondeur
De ce vide vainqueur,
De l'histoire qui se meurt
Sans même une fleur,
De l'absente douceur
Berçant ma candeur...

.../...

.../...

Le ciel pleure...
Seule, ici et ailleurs...
Le temps devient sculpteur
De cette lueur
Dans tes yeux rêveurs...
L'espoir est enchanteur...
Le ciel pleure
Seul l'Amour demeure...

Chantent les chiffres

Dansent les mots

Sur la partition de la Vie

Que tu écris !

DE MON LIT…

De mon lit, je vois tout :
Les vagues de l'univers
Les printemps, les hivers,
Les allées de vent fou
Où les feuilles tourbillonnent,
Où l'été papillonne
D'ailes multicolores.
Parfois il pleut si fort
Que le lac devient gris,
Ondulant, assombrit,
Et son chant m'engourdit
Sous l'édredon de mon lit…

J'aime souvent la nuit
Ecouter tous les bruits :
Du hibou qui poursuit
De son vol l'ennui
Au grillon stridulant
Aux étoiles du firmament,

…/…

.../...

Jusque dans les feuillages
Des arbres de mille âges :
Leur bruissement est si doux
Qu'il attendrit le loup...

De mon lit, je voyage...
Les draps flottent sur le paysage
De pays inconnus
Et je m'en vais, pieds nus
En suivant ton sillage
De la jungle à la plage,
Jusqu'en bas de la plage,
Jusqu'en bas de la page
Graver sur l'oreiller
Nos initiales enlacées...
Près de moi, dans ce lit
La vie sourit, endormie...

Lorsque l'étrange
S'accroche à une branche,

Lorsque les mots se penchent
Sur ma vie comme un ange,

Les pages s'envolent blanches
Comme des oiseaux... et dansent...

J'AVAIS FAIM…

J'avais faim de mots…
J'en ai attrapé de beaux
Archaïques, ou rigolos,
Pour les croquer tout chauds,
Certains sautillant sur le piano
Pour quelques notes avec brio,
D'autres ingénus matinaux
Jouant aux dominos,
Et avec mon appétit d'oiseau
J'ai laissé un morceau
De douceurs, de gâteaux
Pour le loup et l'agneau…

J'avais soif de découvrir
Les mots pour te les offrir,
Et la rivière du désir
Que le temps ne pourra tarir…
J'ai prié pour courir
Sous la pluie de l'avenir,

…/…

…/…

Pour ne jamais guérir
De l'amour qui me chavire,
Et refuser de choisir
Entre le soleil et ton rire…
La faim et la soif vont s'assagir
En t'écrivant pour les unir…

L'automne et ses longues lueurs

Aime le vent voleur,

Enjôleur, enchanteur,

Qui tournoie en douceur

En chatoyantes couleurs...